물의 무늬가 바람이다

박태진 시집

북랜드

국립중앙도서관 출판시도서목록(CIP)

물의 무늬가 바람이다 : 박태진 시집 / 지은이: 박태진.
-- 서울 : 북랜드, 2013
p. 128 ; 12.5×19.7cm

ISBN 978-89-7787-588-3 03810 : ₩10000

한국 현대시[韓國 現代詩]

811.7-KDC5
895.715-DDC21 CIP2013017086

박태진 시집
물의 무늬가 바람이다

인쇄| 2013년 9월 10일
발행| 2013년 9월 17일

글쓴이| 박태진
펴낸이| 장호병
펴낸곳| 북랜드
135-936 서울 강남구 역삼동 832-7 황화빌딩 1108호
대표전화 (02) 732-4574 | (053) 252-9114
팩시밀리 (02) 734-4574 | (053) 252-9334

등 록 일| 1999년 11월 11일
등록번호| 제13-615호
홈페이지| www.bookland.co.kr
이-메 일| bookland@hanmail.net

주 간| 곽흥렬
책임편집| 김인옥
영 업| 최성진

ISBN 978-89-7787-588-3 03810
값 10,000 원

물의 무늬가 바람이다

自序

'물의 무늬가 바람이다.
눈이 못가면 가슴이 가고
가슴이 못가면 영혼이 가고
영혼이 못가면 세월이 대신 가준다.
세월이 못가면 그때서야 바람이 분다.
물이 바람에 젖는다.'
빛바랜 나의 시작노트에서 나를 본다.

오래전부터 나는
내 안에 있는 나를 사랑할 줄 몰랐다.
나를 사랑할 줄 모르는 나는
내 자신을 남보다 더 아프게 대하며 살아왔다.
웃어주고 사랑한 날보다
미워하고 원망한 날이 더 많았다.

나는 미움과 원망에 멍든 가슴이 쏟아내는 눈물조차도
빗속을 걸으며 비와 함께 비같이 버리면서
다시 미워하고 원망하기만 하였다.
때로 절망이 서럽게 사무칠 때도
나는 따듯한 위로보다
더 아픈 상처를 심어주며 어금니를 깨물게 했다.
미안하다. 이제 와서 미안하다. 참으로 미안하다
내 안에 있는 나를 사랑할 줄 몰라서,
나를 사랑할 줄 모르는 못난 놈이라서.

2013년 가을에

차례

2부 어떤 안부

3부 봄을 탓하지 마라

4부 용서

해설

1부

사랑하고 싶어서

쩍꽂이

척박한 땅에서만
스스로 산다.
죽을 힘으로 산다.

텅 빈 가슴
말라가는 몸
고개 넘는 밤이면
바람소리 아프다.

처절한 부족함이
뿌리가 된다.
포기하지 않는다.
그래서 산다.

돌부처

갈라지는 산길 모퉁이, 너럭바위 아래 홀로
지난밤 추위에 떨었는지 가만히 봄볕을 쬐고 있다.
가끔씩 건너 산 새 울음소리에
하얀 찔레꽃이 바람같이 흩어지는 아침나절
흔들리는 꿀밤나무 그림자가
발등을 밟고 지나도 꼼짝하지 않던 돌부처
하얗게 시린 할머니 치성에
멀리, 산 너머 관세음보살 한 번 쳐다본다.

곁에 가니
무심으로 산 세월이
생의 그을음처럼 까맣다.

바다 노점

바다 한 대야씩 끌어안고 옹기종기 줄을 지은 노점
뱃대지 까만 탈출 광어,
끝까지 자연산이라 우기는 도다리
한 번씩 성질내고 물을 뿜는 오징어 데리고
세월에 찌든 물 장화 고무장갑이 흥정을 한다.
바다를 버리지 못한 평생이 고동같이 쪼그리고 앉아
차가운 도마 위에 광어 한 마리
빈대떡 뒤집듯 뒤집고는
손보다 만만한 회칼로 한칼 먹인다.
괭이갈매기 먹이 쪼듯, 능숙하게 해치운다.
싸늘한 피와 내장은 아픈 기억처럼 짠물에 감추고
그렇게, 돈 받는 척 일어서며 허리 한 빈 펴는데
자식같이 멀어져 가는 수평선이 자꾸만 눈에 보인다.
멀리 일렁이다 다가오는 파랑같이

밤 치기

황사 오는 기제에
시어머니와 며느리가 밤을 친다.
시어머니가 밤을 치다
겉은 멀쩡한데 속은 왜 이렇지 하신다.
며느리도 어머니 정말 그러네요.
겉은 멀쩡한 게 속은 다 썩었네요.
이건 또 속이 짝 밤이네요.
이건 또 벌레 먹었네요.
겉은 멀쩡한데
껍질 하나 벗기면
속이 성한 것이 별로 없다.

며느리는 속이 성한
몇 안 되는 밤을 세고
시어머니는 중얼거리신다.
세상, 겉은 멀쩡해도
속 안 썩은 놈 몇이나 될까.

물의 무늬가 바람이다

흐르고
머무르는 것이
바람의 무늬다

오늘도
젖은 물에는
바람이 머물고 흐르듯이
생겼다 지워졌다 한다
그 많은 무늬들이

외로운 생애가
울다가 웃다가 밉다가 곱나가
돛단배로 흔들리듯
사람이 살아가는 것도
다 바람에 흔들리는 무늬다

젖은 종이

젖은 종이는
잘 떨어지지 않는다.

붙어 있어도 잘 떨어지던 종이가
젖어 들면 들수록
절대 떨어지지 않으려 사생결단을 한다.

종이도 젖으면
사람만큼 아프다.

사람도 젖으면
종이만큼 아프다.

벗 하나 있었으면

초겨울 찬바람이 가슴에 파고들면
인생도 한해만 살다가는 들풀로 알고
귀뚜라미처럼 쓸쓸하게
나에게 기대어 주는
그런 벗 하나 있었으면

먼 망망대해에 혼자 버려져
방황하는 밤이 찾아와도
언제 어디서나
함께 노를 저어 줄 수 있는
그런 벗 하나 있었으면

가장 슬픈 것이 가장 아름다운 것이고
가장 아픈 것이 가장 위대한 것이라고
미움과 원망을 용서라고 우기며
어깨 토닥이며 곁에 있어 줄
그런 벗 하나 있었으면

일출의 여명이 아름답지만
일몰의 석양이 더 아름다울 수 있다고
시작보다 끝이 더 소중하다고
고된 삶에 향기 나는
그런 벗 하나 있었으면

단풍에 지쳐 낙엽이 되고
길바닥 여기저기 찬바람에 버려져도
인생 별거 아니라고
용서하고 베풀고 즐겁게 살자고 하는
그런 벗 하나 있었으면

해가 떨어지고 어둠이 찾아오면
하나둘 모두가 집으로 돌아가도
세파에 시달리고 허무에 취한 나에게
인생을 일갈하며 나를 꾸짖어 주는
그런 벗 하나 있었으면

세월은 흐르는 것이 아니라
쌓이는 것인 줄 알고
회포 가득 찬 술 한 잔 기울이며
저녁 강물처럼 같이 저물 수 있는
그런 벗 하나 있었으면

사랑하고 싶어서

비가 내립니다, 온 세상에
외로운 산길 민들레 꽃잎같이 가여운
요양원 노란 지붕 위에도.
시골 개울가 가을에 지쳐
말없이 흘러가는 낙엽 위에도.
물안개 젖은 텅 빈 놀이터
축 늘어진 그네 위에도.
비가 내립니다, 사랑하고 싶어서.
세월은 또
눈이 되어 내리기도 합니다.
달동네 골목 어귀 껌벅이는 전등 아래
노숙자 같은 연탄 위에도.
새벽까지 추위에 떨며 화려하게 반짝거려야 하는
밤에 사는 네온사인 간판 위에도.
살을 에는 시린 밤바다 삶을 건지던
늙은 목선 곁에 버려진 그물 위에도

타는 가뭄과 그믐밤의 홍수도 자식같이 보답던
외로운 밭두렁 논두렁 위에도
눈이 내립니다, 사랑하고 싶어서.
살다 상처받아 패인 웅덩이
외롭고 힘들어 구석진 음지에는
더 많이 내립니다.
더 많이 모이고, 더 오래 머뭅니다.
낮은 곳으로 낮은 곳으로 찾아갑니다.
그래서 산과 바다는 서로 용서하나 봅니다.
사랑하고 싶어서.

보호자

동네 안과에 할머니와 손녀가 왔다
할머니는 눈 치료를 받고
초등학생 꼬마 손녀가 보호자가 되어
따라다니며 잔소리한다.
할머니는 귀가 잘 들리지 않는지
간호사가 시키는 대로
손녀가 큰소리로 일러주어도
자꾸만 엉뚱하다.
보호자가 다시 잔소리를 한다.
할매 그게 아니고
꼬마 손녀는 애가 탄다
세월이 보호자를 바꾸었나

탁자 모서리 난초
꽃 피다 말고 멍하니 보고 있다

어머니

내 일찍 객지에 나와 십수 년 흘러도
고향에서는 어머니 이름이 없다.
큰아들인 내 이름이 어머니 이름이다.
어디서 내 이름 부르면 어머니가 대답한다.
부처님 오신 날 연등도 내 이름으로 단다.
자식이 자기인 양
속을 다 자식에게 빨아 먹이고
쭈쭈바 빈 껍데기같이 쭈글쭈글하다.
달아나지도 않는 고향을 지키시는지
누구를 기다리시는지
밤이 깊어도 눈만 빠끔한 부엉이
이 산 저 산 둘러보지만 자리가 없는지
아버지가 돌아가신 후 자주 꿈에 찾아오신다.
어머니, 어머니 불러보면은
나는 괜찮다, 괜찮다 하신다.
진짜 괜찮은 놈은 난데.

부처

경주 남산 산비탈에
돌부처 삐딱하게 넘어져 있다.
넘어진 지 수백 년 된 듯한데
힘들다 외롭다 하지 않는다
고개 숙여 밑으로 보니
넘어지면서 다쳤는지
코가 날아가고
상처가 있어도 웃고 있다
중심이 잡히지 않아, 힘들 텐데
그래도 웃고 있다
세상이 삐딱하게 넘어진 걸까

지친 석양이 어깨에 걸터앉아도
아무 말 하지 않는다

자화상 (1)

등 굽은 어깨로 힘든 척
괴로운 척, 땅을 보고 걷는 것도
진실을 외면하지 않으려
미움으로 살아온 세월이다.
착각으로 모난 세상
저녁 강물이 흐르고
소주 한잔의 참맛도 모르면서
차용증서 한 장 같은 생을 들고
어리석은 부정적 긍정주의자가
늦은 용서 주위를 서성인다.
지식으로 치우쳐 늘 가난한 지혜는
허물을 벗지 못하고.

눈 뜨면 사는 것이고
눈 감으면 죽는 것인데
눈을 뜨니 세상이 보이고
눈을 감으니 내가 보인다.

이상한 여행-1

하늘도 아닌 하늘이 하늘같이 하늘에 있고
구름도 아닌 구름이 구름같이 물 위에 있다.
비대한 나라에 비대한 사람이 비대하게 살아가고
가상의 화려한 분수가 분수를 말한다.
위에 오르는 것은 잠깐이라고 긴 한숨을 쉰다.
어리둥절한 빌딩 속 개미굴 같은 길 따라 가는 길
여기저기 묘한 전자음 소리가 유혹의 눈길을 보낸다.
시간이 멈춘 공간 이방인들은
서로가 신기하고 서로가 이상하다.
귀동냥으로 들은 아름다운 나라 이야기에
혼이 빠질 때
욕심을 나누는 것인지 욕심을 빼앗는 것인지
사막에서 일어나는 오아시스 허상들이
군데군데 생겼다 사라진다.
아쉬운 마음만 이상한 이야기처럼 자꾸 길어지고
밤이 되었는데도 아무도 집으로 가지 않는다.

그렇다 꿈이 많은 나라에는 밤마다 꿈을 꾼다.
잠을 자지 않아도 꿈을 꾼다.
숲 속에 집이 있고 집 속에 숲이 있고
집보다 숲이 많고
숲이 끝나는 자리 물이 떨어지고
떨어지는 물은 낙차만큼 안개비 올라가고
희망과 절망, 기쁨과 슬픔은 같은 것이라는
소리 들린다.
종일 따라다니는 그림자 벗어둘 어두운 동굴에는
층마다 방마다 인디언들이 벗어둔 그림자
벽에 가득하다.
이방인 눈에는 경비행기를 타는 것처럼 아릇하다.
꿈에 취한 세상 밖으로
필름이 돌아가다 멈추는 듯 이상하다.
모두가 사라지고 만다.

낙동강에서

괭이밥 속에서 기어 나온 까만 일개미
낙동강 지는 해 한 번 보고 집으로 가는데
술 빛 노을이 밤 낚시꾼 등에 업히어
물길마저 지우는 어둠 속으로 사라집니다.

별빛을 덮고 자는 방죽에는
피라미 몇 마리 흩어져 있고
장대에 매달린 지렁이 물별들을 잡는데
뿌연 강물은 아무것도 모르는 척
긴 한숨만 허공에 뿌리며 흘러갑니다.

밤새 변명만 건져 올린 빈 망태에
한참을 투덜대던 갈대가
긴장을 버리고 새벽잠을 청하는데
부초 같은 초승달은
자꾸만 젖은 물길을 따라갑니다.

제주 돌

제주 어디서나 발에 차이는
여물게 생기지도 않은
돌 같지 않은 돌

물 젖어도 얼룩 없이
바람 스쳐도 변함없이
때가 타도 수수한

못난 것이
버석한 것이
친구삼고 싶은

제주 바람 (2)

황돔을 먹고
용두암 바닷가로 나왔다.
차가운 불빛 바람에 날리고
막 떨어진 낙엽 하나
쏜살같이 달아난다.
취해서 찌들은 전봇대
넘어지지 않으려
서로 줄을 잡고 흔들거린다.

조직같이 줄지어 선 가로수
꺾어지듯 인사하고
바람을 안고 사는 저 멀리 현수막
오라고 오라고 손짓하는데
자라면서 바람에 이골이 난
저놈의 갈대, 이 밤에도 무심할까
용두암 앞바다에
누가 맥주를 엎었는지
온 바다가 맥주다.

청보리

아침 열면 밭이랑에
잃어버린 춘궁
안개 파편들
출렁거리다 쓰러진다.

겨우내 시름 속
바람 드는 뼈의 노동은
파랗게 멍이 든 채
키 작은 유년의 소망처럼
숙인 고개 아래서 죽었다 살아난다.

된서리만큼 철이 든 청보리
민초의 애환을 삼킨 이른 봄빛이
용서하듯 아프다.
파랗게 파랗게 절로 아프다.
청보리 꿈은

2부

어떤 안부

껍데기

바쁘다는 핑계로 끼니를 굶겼다.
신호가 왔지만 무시하고
먹기 싫어하는 술을 먹였다.
술이 늦도록 데리고 놀다
어둠 속에 버렸지만
아침에 다시 내게로 왔다.
속사정은 알지만
사람 냄새 나지 않는
길이와 무게
밥 한술 먹이고
또 잊어버리는 유통기한.
남같이 데리고 사는 것이
자꾸 미안하다.

강구에서

달리는 차창에
살아온 속도만큼
시골 마을 입구 느티나무
혼자 외롭게 지나간다.

볕 좋은 양달에 피데기 줄 지어 몸 말리고
가자미 새끼 채반에 타일처럼 붙어 있다.
잘난 대게 몇 마리
바다를 버리지 못하는 괭이갈매기처럼
끝까지 바다를 쳐다보고
멀리 계선장에 줄을 매고 흔들리는
지친 목선 한 척, 바람 속에 늙어 가는데
고단한 해거름이 방파제 끝에 매달린다.

세월에 버려진 낚시터 수통에는
노을 혼자 저물고
밤을 기다리는 등대, 파도에 흔들린다.
하루의 피곤이 지친 바다 문을 내리는데
아직도 손에서는 대게 냄새가 난다.

밥벌이

아파트 모퉁이에
허연 초승달이 걸리는데
빈 창자 같은 골목에서
늙은 손수레가
비틀거리며 파지를 찾는다

어디에서 어디로 가는지
까만 일개미 열심히 가고
문패 없는 높은 대문 안에선
개가 악착같이 짖어댄다
누가 보든 안 보든
희멀건 알전구 밤을 새운다

과실수와 관상수

텅 빈 과수원
찌들어 쭈글쭈글한 과실수
마지막 한 방울까지 자식 생각
긴 새벽 깨어있는
말라비틀어진 빈 가지에
겨울 바람소리 아프다.

반듯한 공원
잘 차려입은 관상수
철 따라 유행 따라 멋을 부린다.
귀한 줄만 알고
철없이 키운 자식
자기 생각에 바쁘다.

공원과 과수원 사잇길에
두리번거리며 걸어가는 내 모습의 가로수
겉 세월에 서성이고

길

가도 가도 길이더라

1인칭도 아니고
2인칭도 아니고
3인칭도 아니더라.

그냥
길이 길을 가더라.

잔소리

아침 밥상머리에
둘째 아들놈에게 잔소리를 했다
시근 없다고.

출근하는 나에게
집사람이
잔소리가 심했다고 잔소리 한다.

시근은 내가 없는 건지
흐린 하늘이
종일 찡그리고 있다.

보따리

하루를 넘긴 지친 석양이 서성거리는
요양병원 앞마당에
키 작은 노란 민들레 군데군데
저녁 끼니를 기다리고
1층 입원실 한쪽 구석진 자리에 자식이 두고 간
찌들은 헌 보따리 하나가 훌쩍훌쩍 눈물 훔친다.
자신을 잃어버린 보따리, 벽보고 한숨짓는 보따리
이래저래 한 많은 보따리가 눈치를 본다.
힘없이 걸어다니는 휠체어 너머,
버려지는 눈동자에 긴 넋두리,
헛기침만 몇 번 하고 돌아서는데
황사가 오는 뿌연 길가에
주먹밥을 입에 물고 서있는 이팝나무 그림자가
자꾸자꾸 손짓을 한다.

가을 일기

느려터진 컴퓨터
껌뻑껌뻑 부팅 기다리듯
가뭄에 비 기다리는 심정이다
한때는 빨랐다
고추 따 먹던 할머니가
밥그릇 갖다 대기도 전에
참지 못하는 소나기 내리듯
방바닥이 흥건했다.
이제는 고물 컴퓨터
갈 길이 아쉬운 가랑비 내리듯
가만히 기다리는 동안
자동 수세식 변기가
먼저 볼일을 보고 만다.

독도 출항기

오징어 고향 울릉도에서
오징어 안주에 소주 몇 잔
바다 꼭지까지 취하고 만다.
아침이 되어도 비틀거리는
수족관 우럭 몇 마리
고향이 울릉도 아니긴 마찬가지
술 깨는 새벽이면 독도만큼 외롭다.

울릉도 어부
고기잡이 버린 지 오래다.
울릉도 갈매기도 어부를 버리고
독도 가는 손님들 따라다닌다.
바다가 어부를 버리진 않아도
갈매기는 어부를 버렸다.

돌아오는 길
독도 뒷모습이
다가갈수록, 다가갈수록 밀어내는
친정집 어미 같다.

어떤 안부

마른 가시들 틈
뜬 달에 손 뻗으면
잡힐 듯 그리운 누이 소식
봄 속 길 오랫동안 걸어
하얗게 달구던 돌담 모서리
마을 어귀에 이른다.

탱자나무에 숨은 낮달이
몇 송이 먹구름 스쳐도 글썽이고 있다

자꾸 궁금해진다.

나는 쭈그러지고 얼룩이 져서
그렇게 한 철 다 보내고서
낡은 문풍지 되어
집 그리워했을 누이를
짙푸르게 물든 잎으로 덮는다.

가시 끝에 빗물 맺히고
시집간 키 작은 설움의 누이가
낯선 어느 마을에 튼튼한 담장 하나를
탱자 꽃 흰 울타리로 엮을 동안
고슴도치 겨울 양식인 양
물어 나르는 달

소나기

햇볕이 쨍쨍한 오후
흔한 개망초 한 다발로
물김치 담그듯
사랑 한 통을 담았다.
나팔꽃같이 피다 지고
잠시 하얀 꽃 피웠다
사라지는 분수처럼
그렇게 담은 사랑 한 통이
삭을지 썩을지 모르는
궁금한 한여름에
나의 체념의 뜨락을
흠뻑 적셔 놓았다.

욕지를 읽다

해거름 묻어나는 밤바다 한쪽 모퉁이
검은 발자국 무리 비치고
누가 잡아 죽였는지
말라버린 치어 몇 마리
검게 탄 갯바위에 포가 된 채
달빛 깔고 너부러져 있다.

밤을 기다린 선창가 포장마차
충혈된 알전구 머리에 달고
불을 켠 미끼, 술 취한 그림자가
하룻밤 불면을 빈 망태로
새벽까지 차가운 바다를 건져 올린다.

한평생 바다에 떠서
푸른 비린내 마냥 찌드는
산비탈 군데군데 토박이 고구마
밭뙈기 좁다며 뭍으로
뭍으로 가는 뱃길에 손을 뻗는다.

인연因緣

봄인가 싶더니
꽃잎 하나 바람에 흩날리다
어깨를 툭 치고 춘설처럼 사라진다.

스쳐 비친 생각, 잠시 멈춘 마음에
바람 한 점 일렁인다.

하늘에 떠다니던 티끌 하나가
땅에 있는 티끌 하나를 만나는 것이다.
우주에서 일어난 티끌만큼 작은 일이다.

사람만 알 수 없는
참 기이한 일이다.

제주 바람 (1)

제주 어디서나
파도같이 스치는
풋풋한 바다 손길
때로는 거칠었다가
때로는 달래었다가
가난도 차별 없이
까만 용두암도 키우고
누런 갈대도 키운다.
평생을 버리지 않고
가슴에 품고 살아간다
못난 에미처럼.

하산

경사가 제법 심하다.
오를 땐 몰랐는데

삐죽이 나와서 반들반들한 솔가지
오를 땐 잡아주고 당겨주더니
이제는 뿌리치며 놓아버린다
찬 이슬 뚝뚝 털며 반기던
산국 몇 송이도 이제는
돌아앉아 본 체도 않는다

한참을 내려왔는데
여기가 어딘가
포화처럼 일어나는 먼지
오를 땐 안 보이던 돌부리조차
나를 위협한다

넘어지지 않으려면
고개를 숙이고
어둠이 길을 지우기 전에
아래만 보고 걸어야 한다

오를 땐 몰랐는데
경사가 제법 심하다

힘 빼기

문학 수강 중에
글을 잘 쓰려면 힘을 빼야 한다는 말에
깜짝 놀랐다
어디서 많이 들었던 말이다
골프를 배울 때부터
힘을 빼야 골프가 되고 고수가 된다고
10년이 넘도록 들었는데
아직도 힘을 빼지 못하고 있다
그 어려운 힘 빼기가
글쓰기에서도

그렇다,
세상살이 힘 빼기다
목에 힘 빼기, 어깨에 힘 빼기
세상살이 고수가 되려면

3부

봄을 탓하지 마라

효도

아파트 정문 앞에
병아리가 와글와글 모여 있다.
어디로 소풍 가는지
솜털이 뽀송뽀송한 머리에는
똑같은 노란 모자를 쓰고
등짝에는 먹이통을 하나씩 메고
선생님 쳐다보랴
친구들하고 재잘거리랴
또 엄마 한 번 쳐다보랴
까딱까딱 머리에는 눈들이 빤짝빤짝
뾰쪽한 주둥이는 아직도 재잘재잘
노란 병아리
한참 효도 중이다.

그렇게 사는 것이더라

아픈 척
괴로운 척
슬픈 척
그렇게 사는 것이더라.

죽을 수 없는 이유 하나쯤 안고 살아가듯이
죽을 수 없기에 사는 것이더라.
눈 뜨고 있을 때는 나만 있으면 되는 줄 알았는데
눈 감아보니 나만 없으면 된다는 걸 알았다.

내가 불러들인 세상
미움 하나 버리지 못하는데
싫어도 뒤를 돌아보지 마라
눈감고 눈뜨는 것이 순간이더라.

건강한 척
즐거운 척
행복한 척
그렇게 사는 것이더라.

무착

한 해가 가는 마지막 날
갈 수 있는 가장 먼 사찰에 갑니다.
버려야 하는 집착 하나
그림자조차 지워야 하기에

밤새 가랑눈에 젖은 법당 처마
취한 듯 짧은 인연에
고개 숙인 채
눈물 지웁니다.

사랑해서 미안하고
다음을 약속해서 더욱 미안한
고뇌의 발걸음이
추운 듯 돌아섭니다.

또 하루가 한 해가 됩니다.
짧은 인연, 짧은 인생을
원망하지 않음이
먼 길 돌아 무착의 계단을 내려옵니다.

내원사

마당 한 모퉁이 비탈에
수염도 안 깎고 골몰하는
소나무에 걸린 청 이슬
오가는 보살은 본 체도 않고
혼자 염불삼매 빠져 있다.

산 깊은 내원사는
아침 늦게 뜨고
저녁 일찍 지고 만다.
세상 많이 보지 말고
생각 많이 하라고 마음공부 시킨다.

햇살 풍경 비켜선 잔설 위에
간간이 쌓이는 그림자
산경 한 번 쳐다볼 사이 길어지고
선방에 비치는 빗살
빈 솔가지를 흔들어 놓는다.

새벽까지 못내 그리움이
청 이슬에 맺힌 내원사 여명
차마 무심할 수 없어
밤새 젖은 안개 석등에
이승 끝자락이 그렁그렁하다.

동굴

골목 한 모서리 앞질러
어둠을 끌고 들어가는
쥐 한 마리 시간 속에 갇힌다.

쉽게 버렸던 말들이
새삼 살아나고
다시 울림으로 돌아오는
그 속에는 눈먼 말들이
구석구석 흩어져
어둠 속에 죽은 듯이
차곡차곡 쌓인다.

고함을 치고 발길질해도
물러나지 않던 동굴 속 어둠이
끝까지 자신을 바라다보는 자에게
작은 빛이라도 끌어당겨
깊은 속내 드러내 보일까

밤 같은 낮의 시간들이
낮 같은 밤의 시간들이
해와 달이 없는 시간들이
남긴 빛의 기다림은
뚝뚝 물소리처럼
깊은 동굴 속에 갇힌다.

반월성

밤새도록 찬 하늘이
폐허 된 궁터
주름진 이마에 내리고
핏기 없는 방초는 서리에 탄다.

뜬눈으로 찾은 샛바람에
군데군데 말라 버린 얼음살
세월만큼 굽은 성터는
찬란했던 전설만 간직한 채
달빛도 별빛도 허망한 지 오래다.

천년을 살아온 새벽안개
서라벌을 잉태하지만
동트면 사라지는 반월의 절규
낮달처럼 남천에 흐르고
죽어서 사는 고목 한숨짓는다.

봄

달아나는 겨울
끝자락을
칼로 자르는 순간이다.

몰래 꿈 망울
흔들리는 찰나다.

물안개
새벽 단잠이다.

봄을 탓하지 마라

봄을 탓하지 마라.
봄인데 왜 이렇게 춥냐고
왜 이렇게 바람 불고 눈이 오느냐고
봄을 탓하지 마라.
춥기도 하고,
바람이 불기도 하고,
눈이 오기도 하는 이것이 봄이다.
늘 그러하듯이
봄이라고 어찌 따뜻하기만 하겠는가.
겨울 같기도 하고, 여름 같기도 한 것이 봄이다.
착각하지 마라, 이런 것이 봄이다.
울다가 웃다가 좋다가 싫다가
네 사는 것도 언제나 그렇지 않느냐.
사람 사는 것이 왜 이러냐고
인생이 왜 이러냐고
봄을 탓하지 마라.

분재

청도 갔다 오는 길에 잘생긴 분재 둘을 샀습니다.
잘생긴 만큼 대가를 치르고 대가를 치른 만큼
대우를 했습니다.
계절은 바뀌어 추운 겨울이 되었습니다.
귀한 놈이라 밖에 그냥 둘 수가 없어
방에 모시고 매일 물주고 정성을 쏟았습니다.
그러다 봄이 왔습니다.
그런데 지극정성은 어디 가고
침엽수 하나가 죽었습니다.
낙엽수 하나도 봄이 다 가도록
새순을 내지 않았습니다.
그제야 알았습니다,
봄이 왜 겨울 뒤에 오는지를.
혹독한 추위와 가지가 꺾어질 듯
아픈 비바람이 왜 부는지를.
봄은 겨울 뒤에 있었습니다.

저녁 갠지스

신성한 생명줄 품에 안고
맨발로 힌두가 의식을 치른다.
장작 위에 불꽃 불꽃 위에 힌두가 활활 타오른다.
분신을 한다. 죽어서
살아생전 저 불꽃처럼 살았을까
아니 저 불꽃처럼 살고 싶었을까
아니면 저 불꽃처럼 살고 싶은 걸까.
멀리 사막에 모래들이 어둠에 비친다.
석양을 삼키고 있다.

힌두의 사제들이
피리와 종소리와 불로 신을 부른다.
자욱한 악기 소리와 부연 연기를 덮어쓴
이방인 나룻배가 하나둘 모여든다.
사막을 건너온 초승달이
나무토막같이 뱃전에 부딪히고
군데군데 촛불이 갠지스를 떠난다.

다시 네 사람의 발을 빌린 시체 하나가
장작더미 위에서 윤회를 기다린다.
검은 물소 한 마리
불꽃 주위를 떠나지 못하고 있다.

사미승

사미승은, 사미승은
이승의 둘레가 서럽고
속세의 끝자락이 그립다.

저녁놀이 붉기도 붉어
용마루 끝이 아득한데
운판은 하늘 소리
범종은 어미 소리
법고는 아비 소리
가슴에 겹겹으로 쌓인다.

일주문에서 합장하고
천왕문을 지나
다시 불이문을 지나다 보면
사미승은, 사미승은 보이지 않는다.

안압지에서

태평소 가락에 잠이 깬 안압지
봄보다 햇살이 먼저 들여다보는 물속에는
헛디딘 물방개 한 마리
어쩔 수 없는 부력으로 머릴 내밀다
춥다고 황급히 잠수한다.
배 뒤집고 내려가는 수심 깊은 곳
아련한 연근 어느 모서리
천 년 전 가라앉은 불상의 그림자가
저녁 파문을 드리운다.
물 그늘 지우던 연잎 피는 소리에
상처 아무는 물거품
방울방울 태평소 가락 삼키고 있나.
세월에 취한 듯 어른어른
안개 비틀거리고 있다.

풍도

가난한 풍도는
사계절이 없다.

하얀 서릿발 내리면
겨울 소풍 떠난다.

철없는 꼬맹이는 엄마 따라
갯벌에 강아지는 꼬맹이 따라

바람 한 짐 실은 풍도
학교도 선생님도
금빛 파도에 실리어
도리도 겨우살이

도리도 먹장갯벌
아침햇살 돋아나면
선생님도 품앗이
꼬맹이도 품앗이

삐딱한 대문
열리듯 닫아두고
한 철 나기

* 풍도와 도리도는 서해 작은 섬으로 겨울이 되면 풍도 주민들은 해산물이 풍부한 무인도인 도리도에 가서 살았다.
몇 안 되는 주민들이지만 기르던 개까지 데리고 학교도, 경찰초소도, 교회도 함께 이주하여 겨울 한 철을 난다.

형산강

태고의 비린내가 피어난다.
이제 막 선잠 깬 추억 하나
발아래 서걱댄다.
하얀 해열제 처방으로
매일 사라지는 흑백 기억들
젊음이 아파서
밤이 새도록 매듭을 푼다.
지난밤 멀쑥 달빛에 자란
안개 수초
새벽을 차갑게 적시고
오래 기다린 돌부리 하나
일출에 바쁘다.
뜬눈으로 바람 젖은 꿈을 말린다.

1985년도

1985년도에 부모님은 일하러 나가시고, 학교에 다녀온 초등학교 1학년 주영이는 다시 학원에 가야 할 시간이 되었는데 오빠가 학교에서 친구들과 논다고 집에 돌아오지 않는다. 학원에 가야 하는 주영이는 애를 태우다 하는 수 없이 열쇠를 베란다 화분 밑에 숨기고는 종이에다 아직 영글지 못한 1학년 글씨로 "오빠야 열쇠 화분 밑에 있다"라고 써서 출입문에 붙여 두고 학원에 갔다.

아마도 1985년식 도둑이 와서 이 글을 보면 한 번 픽 웃고 그냥 갔을 것이다.

4부

용서

달비골 편지

앞산 달비골에서 전갈이 왔다
한 번 다녀가라고.
지난 늦가을에 보고는
봄이 왔는데
잊고 사는지
어떻게 사는지
한 번 다녀가라고 하네.

뭐가 그리 바쁘냐고
다 내려놓고
차나 한잔 하자고 하네.
하루하루 바쁘게 사는 것과
천천히 한가롭게 사는 것이
어느 것이 더 많이 사는 것인지
답답한 갈증 풀고 가라고 하네.

오늘도 바쁘다고 지나치는데
늦기 전에
한 번 다녀가라고 하네.

먼지를 쓸며

흐린 하늘 구름도 삼키고 자라
청명한 가을하늘에 알알이
대궁 중심 붉은 깃발 세우던
수수비 들고 바닥을 쓴다.
내 마음속 안 보이던 먼지도
부푸는 욕심도 쓸려지는
알들을 버린 지 오랜 수숫대
잔가지 촘촘한 빗자루 되어
사무실 바닥을 구석구석 쓴다.
노동이 흩어져 있는 책상
갈등으로 쌓여있는 회의탁자
삐딱해진 어깨의 옷걸이 아래
가로막힌 직각의 벽 모서리
모이면 엉키는 속성의 먼지를 쓴다.
구석에서 밖으로 끌어내어 모으면
무어라 외치며 몰려다니고
쓰레받기를 거부하고

뒤돌아보며 달아난다.
억지로 끌려나온 힘없는 먼지들
수수알 버린 빗자루에게
굴복 당한다. 자유를 잃는다.

삶

기쁘고 즐거운 것만 삶이 아니다
슬프고 괴로운 것도 삶이다.

꼭 행복만이 삶이 아니라
불행도 삶이다.

눈물을 무시하거나 업신여기지 마라.

성공도 삶이지만
실패도 삶이다.

잘난 것만 삶이 아니라
못난 것도 삶이다.

아무것도 없는 허공을 이유 없이 바라보지 마라.

만남도 삶이지만
이별도 삶이다.

사는 것이 삶이라면
죽는 것도 삶이다.

아무도 없는 저녁 강둑을 홀로 걷지 마라.

석남사 가는 길

개울 거슬러 석남사 가는 길에는
살아온 날만큼 작은 돌탑들 쌓여 있다.
바람 한 점 옷깃을 스쳐
허리 펴고 고개를 들면
비구니 묵례로 다가오고 있다.

살며시 드는 삿갓 속에
깊은 연못 같은 눈빛이라니
원추리 꽃에 맺힌 이슬이라니
일주문에서 먼 산 바라보는
석탑에 이르기까지
인연으로 얼룩진 돌부리길
생강 밭에 생각이 머문다.

눈길이 구부리는 무릎 아래
생강의 뿌리는 점점 굵어지고

발길마다 일어나는 번뇌의 먼지
어쩌랴! 일주문을 지나도 지워지지 않는
그림자 고독한 하루
멀리 바람소리 기운다.

돔 나이트

어둠이 길바닥에 깔리면
슬금슬금 굴레를 벗어난
낑낑낑 끙끙끙 소리들
본색을 잃은
형형색색의 자석들이
한바탕 춤을 춘다.
벌 떼같이
몸 따로 마음 따로
화려한 생각의 모순덩어리
빛과 어둠이 공존하지 못하는
팔자 길들이는 돔이 열린다.
유혹에 취하고 일탈에 취한
어떤 갈망이
온몸으로 용서한다.

봄, 어느 날

한 철 내내 떨고 다니다
술 한잔 걸치고
잠깐 오수에 빠진 날
호수에 매화 꽃잎 비친다.

지친 석양은 산 아래 내려오고
밥 짓는 시골집 저녁연기는
눈먼 바람에 흔들린다.

웃음이 무척이나 아름다운
여인의 눈빛 속으로
산과 하늘이 숨어들고
개구리 소리 점점 요란하다.

그래 그래
술 취한
봄날이 흔들흔들 가고 있다.

수변공원

간간이 구름이 흐르던 자리에
지친 단풍이 머물고
가을 물빛 위로
한 철 내내 쫓겨 다니던
참새 몇 마리 바쁘게 사라진다.

등 뒤에 그림자
점점 장대같이 길어지고
도시 불빛이
어둠을 삼키는데
바람은 어디로 가야 할지
방황하고 있다.

아직
가을을 보내지 않았는데
겨울이 벌써 손끝에 매달린다.

외롭지 않는 이 어디 있으랴

논두렁 밭두렁에 흐드러진 개망초
새벽이면 외로워서 이슬 맺히고
아카시아 온 산에 요란 떨어도
어느 산속 모습도 없이
외로워서 뻐꾸기 숨어서 운다.

그 많다던 구 남매 자식
다 키운 삼식이 어머니도
가슴은 텅 비어 외롭긴 마찬가지
매스컴이 춤을 추는 서울 한복판
다 가진 갑부도 외로워서 죽는다.

가끔씩 하늘도 눈물 흘리고
바다는 오늘도 몸부림치는데
세상 외롭지 않는 이 어디 있으랴.
결국은 모두가 외로운 것을
결국은 모두가 혼자인 것을

용서

눈이 앞으로 본다 하여
뒤를 볼 수 없다 하여
어찌 등 뒤에 사람을 모른 체하는가
내 한 몸 돌아서면 되는 것을.

앞에서 막는다 하여
뒤에서 당긴다 하여
어찌 등 뒤에 사람을 껴안을 줄 모르는가
내 한 몸 돌아서면 되는 것을

나의 앞이 너의 뒤가 될 수 있고
너의 뒤가 나의 앞이 될 수도 있다.

인연과 이별

꽃이 피는 게 인연이면
꽃이 지는 건 이별이다.

비 개인 오후 그리움과 함께 나들이 하면 인연이고
비 내리는 가을밤에 추억이 가슴에 저려오면 이별이다.

봄이 오는 들판에 바람과 같이 누우면 인연이고
가을이 가는 들길에 코스모스 꽃잎 떨구면 이별이다.

잉크 내 나는 시집에서 시 한 편은 인연이고
묵은 책 속에 사진 한 장, 눈물 묻어나면 이별이다.

세월이 오는 것이 인연이면
세월이 가는 것은 이별이다.

겨울 들판

길가에 낮게 핀
민들레 같은 작은 다매
한 철 지나기가 힘에 겨운
한 생을 추수하고
시름에 잠긴
가난한 친구

하루를 후회하는
저녁 안개
혼자 사랑에 빠진
외로운 낮달
박명薄明 속에 긴 침묵이
세상의 일몰에 섞이고

고단한 바람
말라가는 햇살

사라지는 것들이
티벳의 탈초처럼 아프다.
앙상한 대추나무
그림자 점점 길어지고.

겨울비

종일 편지를 씁니다.

첫눈이 되지 못한 하루는
낮고 허망한 가슴 저 밑바닥까지
종일 비에 젖습니다.
당신을 적시지 못한 나는
당신에게 젖지 못한 나를
소리 없이 저려오는 미움에
나는 정녕 미안합니다.

잎을 모두 지운 겨울나무는
그저 마른 열매 몇 개 달고
새가 흔들고 날아간 가지 끝
잔잔한 흔들림 멎을 때까지
그냥 서 있을 뿐입니다
그대에게 쓰는 편지가

수직의 행간으로 내려와
몸통을 적시고
이윽고 돌덩이 껴안은 뿌리까지
적시는 하루
종일 편지를 씁니다.

겨울 동학사

희끗희끗 세월을 덮어쓰고
간간이 쌓이는 햇살로 동안거 한다.
전생을 모르는 인연을 핑계로
가만히 숨겨온 더부살이
갈라지는 문풍지 틈같이 시리다.

아궁이 없는 삶의 가장자리
겨우 냉기만 쫓아내고
무상에 흠뻑 젖어 목마른 오후
깊이 없어 높아가는 부끄러움이
삭아 아리는 산사주 삼키다 메인다.

삭풍에 자존심만 빼꼼이 내민 질경이
추운 듯 눈 속을 파고들고
산에서 나고 산에서 자란 아카시아
헐벗어도 산이 좋다.
희멀건 낮달에 취한 산 그림자
계곡 따라 강바닥에 흐르고 있다.

장마

질펀한 영불원 앞마당에
비가 주절주절 죽을 쑨다.
자신을 잃은, 자식이 버린
낙엽 같은 영불원 노인들
어제가 봄이었고 꽃이었는데
벌써 초여름 장마 같은
질기고 지겨운 삶이 되었다.
살아서 만날 수 있는 사람들이
죽어야 만날 수 있는 사람이 되었다.
허공에 머무는 저녁
이미 반은 저승에 간 사람들끼리
오랜 장마 불어난 황토 개울에
나무토막처럼 떠내려간다.
지루한 장마가
말없이, 말없이 흘러간다.

저녁놀

지는 꽃구름

시리고 아린

어느 노부부의 입맞춤.

해설

바람의 시, 시의 바람

문무학 | 문학평론가 |

바람의 시, 시의 바람

문무학

1

박태진 시인의 첫 시집 원고를 읽는다. 첫 페이지 '자서'에 눈길이 오래 머문다. "물의 무늬가 바람이다/ 눈이 못 가면 가슴이 가고/ 가슴이 못 가면 영혼이 가고/ 영혼이 못 가면 세월이 대신 가준다/ 세월이 못 가면 그때서야 바람이 분다./ 물이 바람에 젖는다." 그 어떤 의미가 구체적으로 잡히지 않아서 나는 오래 생각한다. 도대체 이게 무슨 뜻인가? 그 의문부터 풀지 않을 수 없다.

물, 무늬, 바람이란 낱말들은 시각과 촉각의 감각적 언어지만 감각적인 언어들의 조합이 묘한 관념성을 만들어낸다. 잔잔한 물에 물결이 일게 되면 무늬가 생기는 것이고 그 무늬는 바람이 불기 때문에 생기는 것이라는 말로 이해가 될 듯도 하지만, 그 뒤를 잇는 가슴, 영혼, 세월이란 낱말들이 감각에서 또 한참 멀어지게 만드는 것이다. 특히 마지막 '물이 바람에 젖는다.' 에 오면 더욱 막막해진다. 이 문제의 해결이 이 시집을 읽는 열쇠가 될 것 같다.

이 '자서'의 키 워드는 아무래도 '바람'이다. '바람'은 무엇을 상징하는가? 그것을 풀면 이 안개 속을 벗어날 수 있겠다. 바람의 상징은 다양하다. 신화에서는 '바람'을 우주의 숨 또는 풍요로 상징한다. 고대인들은 우주의 구성을 동적으로 관찰함으로써 하늘의 기운, 나아가 우주의 기운을 바람으로 보았다. 단군 신화에서도 풍백風伯이 우사雨師, 운사雲師보다 더 앞서는데, 이것도 우주론적 상징성에 기인한다.

제주도 서귀포 당신堂神 신화에서는 시기와 실투, 투쟁과 사랑에서 지역민을 지켜주는 수호신을 상징하기도 한다. '풍요豊饒'는 바람이 비와 구름과의 결합으로 이루어진다는 데 기인한다. 무속 신앙에서는 생산력을 상징한다. 민간에서 바람의 신으로 섬기는 영등靈登할미는 물할미, 산할미와 더불어 우리나라 3대 신할미 신앙을 형성한다. 자연현상인 바람을 신앙의 대상으로까지 격상시킨 것은 농경과 관련된 생산력의 상징으로서 풍작과 흉작에 절대적 영향을 끼친다는 것을 반영한 것이다.

풍습에서 '바람'은 삶의 바탕으로 상징된다. 갯마을에서는 바람이 생산과 생활의 기복을 좌우하기도 한다. 그 외 '바람'은 삶의 역동, 파괴, 자유 등을 상징하기도 한다. 우리가 '풍파風波' 라고 할 때 바람은 파도와 함께 인생의 고난이나 위기를 상징하며 '바람 따라 흐른다.'에서는 정처 없음, 허무, 무정견無定見 등을 상징하기도 한다. 바람은 신바람과 에로티시즘과 연결되어 야성적이고 충동적인 인간의 힘을 상징하기도 하며 '파괴'로 상징되는 것은 회오리바람, 태풍을 연상하면 이해될 수 있다.

그 외에도 '바람'은 종교에서 자연의 섭리, 도道를 상징하고, 동양 문화에서는 하늘의 섭리, 용을 상징하기도 한다. 역사 문학에서는 무상, 시련, 재생, 가변, 불안, 의지, 하늘의 소리 등을 상징하기도 한다. 윤동주의 '서시'에서 "잎새에 이는 바람에도 나는 괴로워했다. /……오늘밤에도 별이 바람에 스치운다."라는 표현은 일제강점기의 바람을 불확실한 미

래의 불안, 처절한 상황을 상징한 것이다. 서양에서도 바람은 허무, 풍요의 숨, 영감 등을 상징한다.

이와 같은 바람의 상징을 일별하고 나서야 박태진 시인의 '자서'가 무엇을 말하고자 하는 것인지 어렴풋이 드러난다. 시인의 바람에 대한 인식은 이와 같은 상징성 아래서 이루어진 것이다. 시인은 삶을 '바람'으로 인식하고 있다. 그래서 가슴이니 영혼이니 세월이니 하는 관념과 연결시킨 것이다. 따라서 이 시집을 읽는 독자가 이 점을 놓쳐 버린다면 이 시집의 맛을 제대로 느낄 수 없을 것이다.

2

제1부에 실린 17편의 시는 우리 삶의 갖가지 모습들을 형상화한 작품들이다. 「꺾꽂이」, 「청보리」 등에서는 삶의 강인함을, 「돌부처」, 「낙동강에서」, 「바다노점」, 「밤치기」, 「젖은 종이」, 「보호자」, 「부처」, 「제주 바람(2)」, 「형산강」에서는 삶의 고달픔과 허무를 감각화하고 있다. 작품 「어머니」에서는 어머니를 통해 나를 바라보고, 「자화상(1)」에서는 자신의 삶을 '차용증서 한 장' 같은 것으로 표현하기도 한다. 「벗 하나 있었으면」, 「제주 돌」 같은 작

품에서는 삶의 외로움을 건너는 길을 모색하기도 하고 「사랑하고 싶어서」, 「이상한 여행-1」 같은 작품에서는 삶의 환상적인 꿈을 노래하기도 한다.

1부에서 놓칠 수 없는 작품이 「물의 무늬가 바람이다」라는 표제작이다.

> 흐르고
> 머무르는 것이
> 바람의 무늬다
>
> 오늘도
> 젖은 물에는
> 바람이 머물고 흐르듯이
> 생겼다 지워졌다 한다
> 그 많은 무늬들이
>
> 외로운 생애가
> 울다가 웃다가 밉다가 곱다가
> 돛단배로 흔들리듯
> 사람이 살아가는 것도
> 다 바람에 흔들리는 무늬다
>
> —「물의 무늬가 바람이다」 전문

이 작품에 오면, 앞에서 필자가 왜 그렇게 장황하게 바람의 상징성을 애기하고 있는지가 이해될 것이다. 시인은 이 작품에서 사람살이의 모든 것을 '바람'으로 인식하고 있다. 첫 연의 '흐르고/ 머무는 것이/ 바람의 무늬다./'라고 한 것은 사람의 삶은 움직임이라는 인식에서 비롯된 것이다. 흐르는 것이나 머무는 것이 모두 무늬인 것은 분명한데, 그것을 생성시키는 것이 바람이라는 말이다.

우리는 이 표현에 대해 거부감을 드러내기 어렵다. 수긍되기 때문이다. 둘째 연에서 '오늘'이라는 시간성과 '젖은 물'을 끌고 와서 시・공간을 창조하고 그 공간에서 많은 무늬들이 생겼다 지워지는 것이 우리 삶이라고 보는 것이다. 셋째 연에서는 사람살이의 구체적인 모습을 제시하면서 마지막에 와서 사람이 실아기는 그 모든 것을 바람이 만드는 무늬로 보는 것이다. 그렇다면 '무늬'는 무엇인가? 사전에서는 '물건의 거죽에 어룽져 나타난 어떤 모양' 이고, '옷감이나 조각품 따위를 장식하기 위한 여러 가지 모양'으로 풀고 있다.

'바람'의 상징성을 통해 삶을 이해하고 삶의 그 다양한 의미를 '무늬'로 표현한 것은 자연스럽다. '무늬'를 삶의 양상에 대입시키면 '흔적'이라는 말로 바꿀 수 있다. 우리가 살아간다는 것은 모두 '무늬'를 만드는 일이다. 어떤 무늬를 만들 것인가는 개인의 삶이 결정한다. 따라서 삶이 무엇인가를 고민하면서 '무늬'를 찾아낸 시인은 시인의 삶을 시를 통해 만들어 갈 것으로 보인다. 그런 의지가 읽힌다.

그런 의지가 「꺾꽂이」, 「청보리」 등에서 나타난다. 그리고 삶의 아픈 현장을 두루 살핀 작품들을 통해서 다져지고 있다. 그러면서 시인은 꿈꾼다.

제주 어디서나 발에 차이는
여물게 생기지도 않은
돌 같지 않은 돌

물 젖어도 얼룩 없이
바람 스쳐도 변함없이
때가 타도 수수한

못난 것이
버석한 것이
친구 삼고 싶은

—「제주 돌」 전문

시인은 이런 소박한 꿈을 꾸고 산다. 화려하고 거창한 것에 눈길을 주지 않는다. 그의 눈길이 소박하고 작은 것에 머물며, 그 자리에 그의 꿈을 묻는다. 시인이 「제주 돌」이라고 한 것은 현무암이다. 현무암을 현무암이라고 하지 않고 제주 돌이라고 해야 시적 표현이 된다. 장소성과 친근성을 더하기 때문이다. 제주 돌, 현무암은 화산 폭발 때 용암이 급속하게 굳어져서 생긴 돌로 기포가 빠져나간 구멍이 숭숭한 돌이다.

이 돌은 흡수력이 강하다. 그래서 물 젖어도 얼룩이 없다. 구멍이 숭숭 뚫려 있지만 단단해서 바람을 견딘다. 제주도 밭두렁에 현무암으로 담을 쌓아 놓은 것은 경계를 표시하기도 하지만 바람을 막는 구실을 하기도 한다. 원래 색깔이 검으니 때탈 일도 별로 없지만 그 색깔을 쉬이 바꾸지 않는다 그 외에도 현무암은 웰빙이나 힐링에 자주 거론되고 있는 것처럼 인체에 상당히 좋은 돌로 알려지고 있다.

그런 돌이다. 이 작품에서 '돌' 자를 '사람'으로 바꾸면 첫 연에서, 그렇게 잘나지도 않은 내 이웃을 떠올리게 하고, 둘째 연에서 허물 좀 있어도 안아주고, 고생 좀 했어도 그 옛날 잊지 않고, 허수룩해 보여도 알찬 그런 사람을 떠올리게 한다. 그런 사람을 친구로 삼고 싶은 소박한 마음이다. 그런 마음이 바람 부는 이 세상을 견뎌나가게 할 큰 힘이 될 것은 말할 필요 없다. 그렇게 살아가고 싶은 것이 시인 박태진의 꿈이 되고 있다. 「벗 하나 있었으면」의 작품에서 여러 사례를 나열한 것보다 이 작품이 그 절실함을 더해준다.

주제적 면에서 삶의 다양함을 바라본 것이지만, 표현에서 「밤 치기」에서 "세상, 겉은 멀쩡해도/ 속 안 썩는 놈 몇이나 될까."에서 투박하지만 삶의 깊은 통찰력을 읽을 수 있게 한 것, 작품 「보호자」에서 우리 사회의 여러 역전 현상을, 「부처」에서 넘어진 부처를 보고 "세상이 삐딱하게 넘어진 걸까", 「자화상」에서 "눈을 뜨니 세상이 보이고/ 눈을 감으니 내가 보인다, 「제주 바람」"에서 "취해서 찌들은 전봇대/ 넘어지지 않으려/ 서로 줄을 잡고 흔들거린다." 등의 표현은 시적 성취의 가능성을 짐작케 한다.

3

2부의 16편은 범박하게 '사랑'이란 주제로 묶을 수 있겠다. 표현 기법적 측면에서는 해학미의 구현이라는 특징이 보인다. 사물과 사람 풍경에 대한 시인의 애틋한 마음들이다. 「껍데기」는 무엇인가 상당히 애매한 그 무엇에 대한 미안함을, 「가을 일기」는 소멸의 아픔을, 「강구에서는」, 「독도 출항기」, 「욕지를 읽다」, 「제주 바람(1)」은 해변 사람들의 피곤에 지친 삶에 대한 연민을 보내고 있다.

「과실수와 관상수」는 세상의 빈부 격차, 「길」은 인간의 고독함을, 「어떤 안부」, 「잔소리」는 가족애를, 「소나기」는 짧은 사랑을, 「인연」은 인연의 기이함을, 「젖은 종이」는 젖음의 아픔을, 「하산」과 「힘빼기」는 사랑의 지혜를 얻는 방법들을 시로써 표현한 작품들이다.

이 작품들 중에서 해학미를 구현하는 「가을 일기」를 깊이 있게 보고 싶다. '해학諧謔'은 '익살스럽고도 품위가 있는 말이나 행동'을 뜻한다. 그래서 시와는 상당히 거리가 있는 것으로 착각하는 경우가 많다. 그러나 시는 삶의 어느 한 부분만을 드러내는 예술

장르가 아니다. 우리 삶의 모든 것을 담아내는 큰 그릇의 장르다. W. 콩그리브가 "시는 모든 예술의 장녀長女이며, 대부분 사람들의 양친兩親"이라고 한 이유가 거기 있다.

느려터진 컴퓨터
껌뻑껌뻑 부팅 기다리듯
가뭄에 비 기다리는 심정이다
한때는 빨랐다
고추 따 먹던 할머니가
밥그릇 갖다 대기도 전에
참지 못하는 소나기 내리듯
방바닥이 흥건했다.
이제는 고물 컴퓨터
갈 길이 아쉬운 가랑비 내리듯
가만히 기다리는 동안
자동 수세식 변기가
먼저 볼일을 보고 만다.

—「가을 일기」 전문

비유가 조금은 어색하기도 하고, 과장이 심한 경우, 즉 '참지 못하는 소나기'나 '방바닥이 흥건했다.'

등이 걸리는 듯하지만 이른바 해학미를 구현하기 위한 장치로 보면 무리가 없기도 하다. 해학이 어눌함과 과장을 통해서 구현되는 경우가 많기 때문이다. 제목을 시 속에서 완전히 녹여낸 작품이기도 하다. '가을'이 주는 어떤 서글픔이 시의 내용과 즐겁게 손잡고 있다. 나이 들면 소변을 시원스레 보지 못하는 경우가 있다. 젊은 사람도 소변을 담당하는 인체 기능에 이상이 생겨서 그런 경우가 있겠지만 그런 논리가 문제되지 않는다. 시는 논리를 초월하기 때문이다.

어쨌든 이 작품은 재미있다. 최근 들어 재미성의 시학에 관심을 갖는 시인들이 적지 않지만 마지막 두 행 "자동 수세식 변기가/ 먼저 볼일을 보고 있다."는 표현은 정말 재미있다.

시의 구성에서도 적절한 대비를 이루고 있는 고물 컴퓨터와 느려터진 소변, 컴퓨터가 일하는 세상과 어린애들이 밥그릇에 소변을 보게 하던 그 농경 시대가 들어있고, 할머니를 그리워하게 하는 향수 등등 매우 다양한 의미를 담고 있어 좋다.

이 작품은 전체적으로 보면 매우 안타까운 감정

이 들어야 마땅하다. 그런데 안타까움보다 오히려 웃음이 나온다. 그래서 해학미를 구현한 작품으로 읽는다. 우리 삶은 기쁘면 웃음이 나오고 슬프면 눈물이 나는 그런 단답형이 아니다. 웃음 속에도 슬픔이 있고, 눈물 속에도 기쁨이 있다. 삶은 그렇게 다양해서 우리는 열심히 살고 있지만 정작 삶이 무엇인지는 잘 모른다. 그게 우리 삶이다. 해학 속에서 우리 삶의 한 단면을 잘 보여주고 있다. 「잔소리」같은 작품도 같은 궤에 놓이는 작품이다.

「길」과 「인연」이란 작품은 비교적 짧은 시의 형태를 취하고 있지만, 철학적 상상력을 부추기는 작품으로 읽힌다.

가도 가도 길이더라

1인칭도 아니고
2인칭도 아니고
3인칭도 아니더라

그냥
길이 길이 가더라.

—「길」 전문

이 작품에서 '길'은 무엇인가? '길'은 종교적 상징으로 진리, 가르침, 믿음이기도 하다. 역사와 문학에서는 삶이 이법이다. 고난과 방황과 소외를 상징하기도 한다. 그러나 이 작품은 아무래도 '길'을 '삶'이란 말로 바꾸어야겠다. 삶은 나만도 아니고 너만도 아니고 그만도 아니라는 단정, 세상은 그 누구의 것일 수 없기 때문에 모두의 것이 되고 세상 속 인간의 삶은 그냥 그렇게 있는 것이다.

따라서 삶은 삶일 뿐이라는 말이다. 살아있으니까 사는 것이란 말이 될 것 같기도 한데 그래서 어쩌란 말인가 애매하다. 그래서 시가 안 되는 것이 아니라 그래서 시가 되는 것이다. 우리가 시작詩作에서 '애매성曖昧性; ambiguity'을 중시하는 이유가 거기 있다. 애매하다는 것은 해석이 잘 되지 않는다는 것이고, 잘 해석되지 않기 때문에 오래 생각하게 만든다. 시를 읽어야 하는 이유 중에 생각하게 한다는 것이 매우 중요하다. 그러나 그것이 다른 사람이 말하지 않은 새로움이 있을 때 더 훌륭한 작품이 된다.

봄인가 싶더니

꽃잎 하나 바람에 흩날린다
어깨를 툭 치고 춘설처럼 사라진다.

스쳐 비친 생각, 잠시 멈춘 마음에
바람 한 점 일렁인다.

하늘에 떠다니던 티끌 하나가
땅에 있는 티끌 하나를 만나는 것이다.
우주에서 일어난 티끌만큼 작은 일이다.

사람만 알 수 없는
참 기이한 일이다.

—「인연」 전문

'인연因緣'은 "사람들 사이에 맺어지는 관계", "어떤 사물과 관계되는 연줄", "내력 또는 이유" 로 풀이된다. 불교에서는 "결과를 만드는 직접적인 힘과 그를 돕는 외적이고 간접적인 힘"으로 본다. 인생사에서 만나고 헤어짐이 인연이듯이 자연 현상에서 꽃잎 흩날리는 것이나 바람 부는 일들이 하늘과 땅의 티끌이 만나는 것이고 그것은 아주 작은 일이란 인식이다. 그런데 그것은 아주 작아서 그리고 그야말로 찰나라서 사람만 모르는 일이란 것이다.

그냥 모르는 것이 아니라 '기이奇異한 일이라고 했다. 기이는 기묘하고 이상하다란 말이다. 자연 현상은 인간이 이해할 수 없는 일들이 많다.

프랑스 사회학자 자크 아탈리는 그의 유명한 『인간적인 길』에서 "앞으로의 세상에서 가난하다고 하는 것은 가진 게 없는 것이 아니라 관계가 없는 것이다."라고 했다. 사람이 태어나서 누구를 만나고 무엇을 만나는가에 따라서 그의 삶이 결정된다는 사실에 비추어 보면 인연이 어디서 어떻게 오는 것인지를 알기가 어렵고 또 어쩌면 시의 영역이 아니라 철학의 영역일 것 같기도 하지만, 의욕 있는 시인으로서 생각해 보지 않으면 안 될 일이기도 하다. 시인의 도전 의식이 보이는 작품이다.

4

3부의 15편은 풍경을 통해서 삶을 통찰하는 작품으로 꾸며져 있다. 「효도」는 어린이들의 모습에서 오늘날 사라지고 있는 효도가 무엇인가를 깨우치게 해주고, 「그렇게 사는 것이더라」는 삶에 순응할 수밖에 없는 인간을, 「내원사」는 내원사의 소나무와 비구니들의 생활을, 「동굴」은 우리 삶에 비치는 어둠의 공간을, 「무착」은 삶에 대한 위로와 반성을 담아내고 있다.

「반월성」, 「안압지에서」는 그 오랜 세월의 무게와 역사의 향훈을, 「봄」은 계절의 변화를, 「봄을 탓하지 말아라」는 계절의 변덕과 인생을 대비시키고 있으며, 「분재」는 자연을 거스르는 인간의 행위를, 「사미승」은 수행의 어려움을 짐작하게 하고, 「보따리」는 요양병원의 적막을, 「저녁 갠지스」는 힌두의 장례의식을, 「풍도」는 풍도 주민들의 겨우살이를, 「1985년도」는 어린이의 순진함을 해학으로 구현한다.

이 가운데서 「무착」이란 작품을 먼저 본다.

한 해가 가는 마지막 날
갈 수 있는 가장 먼 사찰에 갑니다.
버려야 하는 집착 하나
그림자조차 지워야 하기에

밤새 가랑눈에 젖은 법당 처마
취한 듯 짧은 인연에
고개 숙인 채

눈물 지웁니다.

사랑해서 미안하고
다음을 약속해서 더욱 미안한
고뇌의 발걸음이
추운 듯 돌아섭니다.

또 하루가 한 해가 갑니다
짧은 인연, 짧은 인생을
원망하지 않음이
먼 길 돌아 무착의 계단을 내려옵니다.

—「무착」 전문

'무착無着'은 불교 용어다. '무집無執'이라고도 하는데 "집착하지 아니함"을 뜻한다. 이 작품은 종교 의식같이 성스러운 느낌을 준다. 한 해가 가는 마지막 날 집착을 버리기 위해 사찰을 찾고, 그 사찰의 법당 처마에서 흘러내리는 눈물이 화자의 눈물이 되고, 자주 다음을 약속했던 어리석음을 깨닫는다. 이때 화자는 한없이 자책한다. 하루가 짧으면 일년이 짧을 것이고, 그것들이 짧으면 가까운 사람들과의 인연도 짧아지기 마련, 그것을 원망하지 않으리라 다짐한다.

마지막 행 "먼 길 돌아 무착의 계단을 내려옵니다."란 표현엔 단단한 결의가 묻어 있기도 하다. 흔히 사랑을 집착으로 오해해서 불편한 관계를 만드는 일이 많은 세상이다. 우리 삶은 참으로 정갈하게 가꾸어 가야 하는 것인데, 박태진 시인의 이 같은 개인적 의례는 그의 삶을 참으로 아름답고 정갈하게 가꾸어 나가게 할 것 같다. 시작에서도 이런 정신을 반영할 길은 없을까 고민해도 괜찮을 것이다.

다음으로 「봄을 탓하지 마라」를 읽는다.

봄을 탓하지 마라
봄인데 왜 이렇게 춥냐고
왜 이렇게 바람 불고 눈이 오느냐고
봄을 탓하지 마라
춥기도 하고
바람이 불기도 하고
눈이 오기도 하는 이것이 봄이다.
늘 그러하듯이
봄이라고 어찌 따뜻하기만 하겠는가.

겨울 같기도 하고 여름 같기도 한 것이 봄이다.
착각하지 마라, 이런 것이 봄이다.
울다가 웃다가 좋다가 싫다가
네 사는 것도 언제나 그렇지 않느냐
사람 사는 것이 왜 이러냐고
인생이 왜 이러냐고
탓하지 마라.

—「봄을 탓하지 마라」 전문

이 작품은 삶을 다스리는 지혜의 작품이다. 봄이 겨울과 여름의 가운데 있어 더러는 겨울 같다가 더러는 여름 같기도 한 것을, 사람살이에 비유한 것이다. 화자는 삶의 여러 과정을 거쳐 왔다. 따라서 기쁨도 있었고 슬픔도 있었다. 그것이 인생이란 사실은 새로운 발견은 아니다. 그러나 우리가 단순히 이해한다는 것과 경험을 통해서 느끼는 것과는 매우 다르다. 이 작품이 새로운 발견이라는 관점에서는 한참 거리가 있지만, 그것이 경험에서 우러난 느낌을 주기 때문에 시가 될 수 있는 요건을 갖추었다.

화자가 단호하게 "탓하지 마라.", "착각하지 마

라.” 고 진술하는 것은 타자를 향한 것이 아니다. 화자 스스로에게 하는 것이다. 그런 측면에서 이 작품은 시인의 삶의 인식이라고 볼 수 있는 것이다. 경험은 소중하다. 경험을 통한 인식이 진정한 지식이다. J.로크가 “어떠한 사람의 지식도 그 사람의 경험을 초월하는 것은 아니다.”라고 『인간오성론』에서 밝혔고, J. W. 괴테는 “진정한 지식은 다만 경험이 있을 뿐”이라고 했다.

이 작품이 시인의 삶에 대한 인식을 가장 쉽고 편안하게 해마다 맞이하는 봄날씨의 변덕에서 가져왔기 때문에 경험지가 되는 것이다. 또한 지식이 반드시 책을 통해서나 위대한 스승으로부터 전해지는 것은 아니다. “진정한 지식은 꾸밈새 없는 순진한 마음에서 솟아나는 것”이라고 J, H. 페스탈로찌가 말하기도 했다. 시인이 시로 표현해야 할 것은 지식이 아니다. 경험을 통한 삶의 진실을 말해야 하는 것이다.

5

4부 15편의 시는 ‘용서’라는 부제목을 달고 있다.

「달비골 편지」는 봄맞이를, 「돔 나이트」는 인간의 어쩌지 못할 갈망을, 「먼지를 쓸며」는 삶의 파편일 수 있는 먼지를 통해서 보는 삶을, 「삶」은 삶에 대한 인식을, 「석남사 가는 길」은 자신의 삶을 돌아보고, 「봄 어느 날」은 어느 봄날의 단상을, 「수변공원」에서는 계절의 흐름을 바라보고 있다.

「외롭지 않은 이 어디 있으랴」에서는 인간의 외로움을, 「용서」는 함께해야 하는 삶을, 「인연과 이별」에서는 제목과 같이 인연과 이별을, 「장마」는 요양원 풍경을, 「겨울 들판」, 「겨울비」, 「겨울 동학사」는 계절의 풍경 속에서 삶의 의미를 묻고 있고, 「저녁놀」은 아쉬움을 함축적으로 그려놓고 있다.

4부 작품 중 「겨울비」를 먼저 본다.

종일 편지를 씁니다.

첫눈이 되지 못한 하루는

낮고 허망한 가슴이 저 밑바닥까지
종일 비에 젖습니다.
당신을 적시지 못한 나는

당신에게 젖지 못한 나를
소리 없이 저려오는 미움에
나는 정녕 미안합니다.

잎을 모두 지운 겨울나무는
그저 마른 열매 몇 개 달고
새가 흔들고 달아난 가지 끝
잔잔한 흔들림 멎을 때까지
그냥 서 있을 뿐입니다
그대에게 쓰는 편지가
수직의 행간으로 내려와
몸통을 적시고
이슥고 돌멩이 껴안은 뿌리까지
적시는 하루
종일 편지를 씁니다.

겨울엔 눈이 내려야 제격이다. 따라서 '겨울비'라는 제목 자체가 주는 느낌부터 부적응 혹은 부조화다. 이 작품에서 겨울비는 '수직의 행간으로 내'리는 하늘이 땅에게 보내는 편지다. 그 겨울비 속에서 화자는 스스로 하늘이 되어 당신을 땅으로 부른다. 하늘과 땅의 조화는 우주의 섭리지만 인간은

당신과 나로 조화되어야 한다. 그 부조화에 가슴 저리고 안타까움이 솟는다.

겨울비는 봄·여름의 비에 비해 그 효용성이 덜하지만 그래도 뿌리까지 닿아야 한다. 화자는 끝내는 사랑의 밑바닥까지 적시는 편지를 오래 쓰고자 한다. 이 작품의 하루나 종일은 아침이 있고 저녁이 있는 그런 하루가 아니라 사랑의 가슴 밑바닥에 이를 때까지가 된다. 서로가 서로를 적셔 하나가 되는 그 순간까지를 말하는 것이다. 그리하여 사랑은 모든 것을 용서하고 모든 것을 껴안게 될 것이다. 그런 순간의 기다림을 겨울비로 표현했다.

4부에서 눈길을 끄는 작품은 이 책의 대미를 장식하듯이 마지막 페이지에 실린 「저녁놀」이다.

> 지는 꽃구름
>
> 시리고 아린
>
> 어느 노부부의 입맞춤.
>
> —「저녁놀」 전문

최근 한국 시단에서 몇몇 시인들에 의해 실험되고 있는 극서정시極抒情詩; extreme poetry의 형식을 취하고 있다. 극서정시를 주창하는 최동호는 "디지털 시대 젊은 시인들의 과다한 시적 수사의 양적 과잉에 대해 서정시 본연의 길을 모색하기 위해 극서정시란 용어를 썼다. 극서정시의 특징으로 압축적인 극적 구조, 단형의 형식, 직관적 수법 등을 제시한다. 아울러 황동규의 극서정시劇抒情詩, 일본 정형시 하이쿠와도 다르고, 직관에 의해 선적 깨달음을 다룬 선시들과도 다른 것이라고 말한다.

어쨌든 극서정시는 지금 실험 중이다. 그런 가운데 박태진이 쓴 「저녁놀」은 극서정시가 제시하는 특징을 갖춘 작품으로 읽힌다. 압축의 측면에서는 더 압축될 여지가 있다. 이를테면 제목에 저녁이 나오니까 첫 행의 '지는'이라는 단어를 쓰지 않아도 좋고, 3행에서 '어느'라는 낱말을 쓰지 않아도 좋겠다. 그렇지만 그의 다른 작품에 비하면 매우 압축된 것이 분명하고, 단형이라는 형식을 만족시키고 있고, 직관적 수법에서도 비켜가지 않는다.

저녁놀을 꽃구름으로 환치하는 것은 쉽게 이해

되고, 시리고 아픈 것은 지는 것이기 때문에 당위성을 확보하고 구체적 형상으로 노부부의 입맞춤을 갖다 놓았다. 그렇다, 노부부의 입맞춤은 붉게 타는 저녁놀로 연상할 수 있다. 따라서 이 시집에서 가장 압축적인 작품이 된 것이다. 이 같은 실험의식은 시인의 앞날에 든든한 디딤돌이 되어 줄 것이다.

6

박태진의 첫 시집 『물의 무늬가 바람이다』는 매우 경건한 마음으로 쓴 작품으로 읽힌다. 시인이 시를 대하는 태도가 매우 믿음직하게 느껴진다는 말이다. 따라서 이런 태도는 시인의 시업을 풍성하게 하리라는 예감을 갖게 하기에 충분하다. 존재하는 모든 것들에 삶이 무엇인가를 물어가며, 시리고 아픈 삶이나 소박한 것에 눈길을 주며 자기 존재를 확인해 가는 것은 시인의 바람직한 자세가 아닐 수 없다.

무엇을 주제로 삼고 무엇을 소재로 삼는 것보다 더 중요한 것이 시적 표현력이다. 박태진은 첫 시집에서 애매성과 해학미의 구현, 극서정시의 실험 등 의욕적인 도전 의식을 보이고 있다. 시는 우리들이 익숙해서 믿어버리고 손쉽게 가깝고 명백한 현실에 비해서 무엇인가 비현실적인 꿈 같은 느낌을 일으키게 해야 한다. 이것이 애매성을 옹호하는 이유다. 해학미의 구현은 재미의 시학이 아쉬운 시단에 도전장을 던져볼 가치가 있는 영역이다.

시를 대하는 경건한 마음과 좋은 시를 향한 다부진 결의가 박태진의 바람으로 승화되길 바란다. 다만 시는 새로움이라는 것과 행복하게 만날 수 있어야 한다는 사실을 시로써 보여줄 수 있으면 독자가 행복할 것이란 것을 잊지 말기를……. '바람의 시, 시의 바람'이라는 해설 제목은 박태진 시인이 삶을 바람으로 인식하고 있다는 점과 그가 시의 바람을 일으켜 달라는 주문의 뜻이다.